Impressum

Autor G.K. Netherburg, www.elftal200850@gmx.de
Lektorin K. Brand
Veröffentlichung Mai 2010, 1. Auflage
ISBN-Nr. 9783839181430
Verlag: Books on Demand
In den Tarpen 42, 22848 Norderstedt
www.bod.de, info@bod.de

VORWORT

Gedichte sind der Spiegel der Seele und des Herzens!
Gedanken über eine Liebe und Sehnsüchte,die der Mensch hat
oder aber gerne haben möchte.

Durch mein bisher langes und ereignisreiches Leben,
welches ich bisher hatte,habe ich nach einer zu langen Ehe,die gescheitert
ist, nun das wahre Glück in einer neuen Liebe gefunden.

Liebe geben und Liebe nehmen ist ein einzigartiges Geschenk,
welches man mit allen Gütern der Welt nicht kaufen kann.

In meinem Gedichtband,deren Gedichte alle sehr persönlich sind,
möchte ich meine große Liebe zu meiner Frau Karin zeigen.

Diese Liebe soll man pflegen, wie eine zarte und zerbrechliche Blume!
Jeder Mensch,der in einer Beziehung lebt, sollte dies als unser größtes
Geschenk ansehen.

Liebe ist eine Gabe und keine Selbstverständlichkeit!!

Viel Spaß und Anregungen für eine glückliche Liebe und Beziehung,
bei dem lesen meiner Gedichte!

Auf unsere Liebe

Herzliche Grüße
G. Netherburg

Sehr krank lag ich im Krankenhaus, angeschlossen an viele Geräte. Ich wollte nicht mehr leben und suchte nach einer Möglichkeit, die Stecker zu ziehen.
Man hatte mir mein Handy gelassen und dann bekam ich eine sms von der Frau, die ich erst vor kurzem kennen gelernt aber noch nicht persönlich getroffen hatte.

„Hör auf mit den schwarzen Gedanken, lass den Unsinn, sieh zu, dass Du aus dem Krankenhaus kommst, denn ich will Dich kennen lernen", so knapp war diese Botschaft, aber bei mir hatte sie etwas verändert.

Ich traf sie und wir sind seitdem zusammen und sehr glücklich.

Liebe

Meine Liebe ist nicht vogelfrei – sie soll bei mir verweilen -
ich möchte nicht, dass der Tod mich holt -
ich möchte bei meinem Liebling bleiben.

Die Liebe ist ein zartes Band - leichtgläubig lebt sie und
anstandslos -
die Frage, die sich immer stellt – was ist Liebe bloß.

Ein Kuss, ein Streicheln, ein liebes Wort -
treibt alle unsere Sorgen fort -
in jeder Nacht – wo sie uns ein Lager bereitet.

Am Abend schon zu späterer Stunde
gehen wir unsere Lieblingsrunde.
Wenn das Licht schon schräg am Himmel steht -
führt uns dieser Weg zu unserem Steg.

Warm ist das Wasser und schön das Gestade -
mein Schatz steht schon drin bis fast an der Wade.
Der Abend schon die Sonne bricht -
wir genießen noch das letzte Licht.

Bunte Laternen hängen dort am Fluss -
Ein Frühlingsfest – ein Soll, ein Muss!
Nun sitzen wir auf einer Bank -
verträumt wir Beide – Hand in Hand.

Nun gehen wir nach Hause -
geben uns lieb einen Kuss -
das ist mein Wille und nicht weil ich muss.

Der Weg mit Dir

Als Arm in Arm ich mit Dir ging,
mein Herz ganz fest an Deinem hing.
Der Weg des Lebens für uns Beide noch ein schönes Stück.
Unser Empfinden zu einander –
nur noch reines Liebesglück.

Der Himmel

Ganz fest hielt ich nun Deine Hand -
das Band der Liebe uns verband.
Dein zarter Blick –
der süße Kuss. Ich liebe Dich, mein Schatz,
nicht weil ich muss.
Der Himmel kann noch warten,
wir bleiben noch ganz lang in unserem
Lebens- und Liebesgarten.

D nicht da,,,

Du bist nicht da – bist mir ganz fern.
Hab Angst um unseren Liebesstern.
Doch Gott der Herr wird uns begleiten -
wollen uns in der Liebe niemals streiten.
Wir gehen zusammen auf unseren Himmelsritt
und nehmen nur noch unsere Liebe mit.
Das Glück der Liebe ist so hold -
viel schöner noch als alles Gold.

Im Traum sah ich Dich meinen Schatz als Engel -
und Du winktest mir zu -
ich dachte bei mir, wie lieb bist doch Du -
und machte meine Augen wieder zu!

Doch mein - der Engel - lachte mich an -
bin gleich gewesen in Deinem Liebesbann.
Ich hielt Dich ganz fest und dachte bei mir:
Geh nie wieder weg von mir!

Du bliebst bei mir - und reichtest mir die Hand -
so behutsam und zärtlich, das habe ich nie gekannt.
Dann sagtest du: Vertrau uns zu jeder Zeit -
wir öffnen unsere Herzen für unsere Liebe bis in Ewigkeit.

Ich möchte.....

Ich möchte im Herzen bei Dir das Feuer sein
mit brennend heißer Liebesglut -
damit Du merkst und ich Dir zeigen kann,
wie gut die Liebe uns Beiden tut.

Ich möchte ein klarer stiller See für Dich sein -
der vor meinem Schatz liegt und ruht -
und hast Du in Deinen lieben Augen mal ein Tränelein -
dann fällt es zu mir in Frieden rein.

Auch möchte ich für immer der Wind in Deinen Gedanken sein,
der diese lieb und zärtlich durchweht.
Und fühlst Du mein Schatz in Gedanken mal Qual und Pein -
dann weh ich mit meinem lauen Wind in Dein kleines liebes Herz
hinein.

Und solltest Du mal alt auch sein
und musst dann in ein Grab hinein,
dann kannst Du Dir ganz sicher sein,
ich leg mich dann sofort zu Dir mit rein!
Auf Erden hatten wir eine schöne Zeit -
doch im Himmel wird's noch viel schöner sein.
Für einen Augustiner ist Beziehung kein Sport -
er gibt auf ewig sein Liebesbeziehungswort
Du wirst es vielleicht nicht glauben, aber Du wirst es sehen -
dass ich ewig zu meinem Schatz werd stehen.

Meine liebste Karin

Du mein Liebling bist gekommen -
zu jeder Jahreszeit – ob Sturm, Schnee oder Regen -
kein Weg war Dir zu weit.
Dir mein Schatz schlug beklommen
mein liebend Herz ganz entgegen.
Wie konnte ich erahnen,
dass sich Deine Bahnen einen sollten
mit meinen Wegen.

Du bist zu mir gekommen
in Sturm, Schnee oder Regen.
Du hast es mir sofort genommen -
mein Herz
ganz verwegen!
Du nahmst das meine -
ich nahm das Deine!
Wir kamen uns sehr stark entgegen!

Du bist zu mir gekommen -
in Sturm, Schnee oder Regen.
Nun ist sie da -
die Liebe –
was für ein Segen!

Alter

Mit sechzig Jahren sollte man sich besonnen haben.....,
auf was – frage ich mich?
Auf Dich mein Schatz, die mich verseht
und des Rest des Lebens mit mir geht.

Die Kinder, Enkel und die Katzen –
übermütig wir mit denen Faxen machen.

Ich ging die Straße der Einsamkeit empor,
bis Deine zärtliche Stimme drang an mein Ohr.
Dunkle Wolken sind nun verzogen,
durch Dich mein Herz bin ich neu geboren.

Die Bäume bewegen sich, die Weser fließt leise -
ich höre eine liebe zärtliche Weise.
Lass alle reden – auch ohne Sinn -
ich weiß, dass ich bei Dir geborgen bin.

Oh - Frau meines Lebens - hör zu was ich sag -
„Was hat die Liebe mit mir gemacht?"
Ich hör Deine Stimme ganz unbedacht -
doch Deine Worte haben mein Herz entfacht!

Ein Kuss von Dir, ein zarter Kuss,
dies war der schönste Liebesgruß.
Der Kuss so lieb von Mund zu Mund -
der führte uns in den Liebesgrund.

Gestern war noch für mich ein Sterbetag -
doch nun ist es heute ein Hochzeitstag.
Nie mehr allein im Leben stehen -
wir nun alle Wege gemeinsam gehen.

Du sprachst zu mir: das alte Leben ist vorbei -
jetzt zählen nur noch Du und ich – wir Zwei!
Du gibst mir Kraft – ich bin von Zweifeln frei -
die Todesgedanken sind jetzt vorbei.

Zukunft

Was wird aus mir – habe ich einst gedacht;
Wenn keine Liebe bei mir mehr erwacht?
Werd ich meine Zärtlichkeit verlieren?
Einsam bleiben und vor Sehnsucht erfrieren?

War blind gewesen, ich dann doch erwachte
und hoffte, dass irgendwo eine zärtliche Frau an mich dachte.
Suchte eine Liebe – saß unterm Baum mit Buchen,
wünschte mir Dich , Deine Kinder und Enkel,
die uns besuchten!

Die Einsamkeit fiel von mir ab,
weil ich Dich meinen Schatz jetzt hab!
Spüre wieder frischen Wind in meinen Gedanken -
mein Lebenssinn ist nicht mehr am wanken.

Von nun an werde ich glücklich sein -
mit Dir mein Schatz soll es immer so sein.
Nun sind wie Beide nie mehr allein.

In Gedanken zu Dir ganz tief versunken.
Am Kelch der Liebe zu Dir mich satt getrunken.
In meinem Herzen die Erinnerung wohnt.
Wir sind die Liebenden auf unserer Lebensreise -
in schöner, liebevoller und inniger Weise.

Die Liebe ist in Unser Herz gesprungen
und hält uns fest -
ganz eng umschlungen.
Liebkosen uns voller Zärtlichkeit.
Ich küsse Dich schüchtern auf Deine feuchten Lippen,
um an dem Nektar der Liebe von Dir zu nippen.

Sehnsucht

Dir meinem Schatz werde ich alles geben,
meine Seele, mein Herz, mein ganzes Leben,
denn Du bist für mich der wahre Segen!
Du bist die Frau - für mich bestellt -
auch meine reizende Unterwelt.

Durch Dich habe ich mein Glück gefunden -
und das nicht nur für viele Stunden.
Du küsst sehr gut - für mich ein Genuss -
jeder von Dir erhaltene Kuss.
Du kannst auch sehr gefühlvoll sein -
so lieb wie ein warmer Regen im Sonnenschein.
Ich lieb Dich sehr und muss dabei leiden -
weh tun wollen wir uns nicht – keiner von uns Beiden.

Zuhause

Ich kenne das Gefühl - früh morgens - auf eine Reise,
an einen fremden Ort zu gehen.
Gedanken kommen ganz verwegen
jetzt im Alter -
was ist der Sinn in meinem Leben gewesen?
Ich kenne das Hotelgefühl,
die Einsamkeit – das Zimmer kühl.
Der Kaffee flau. Ich fühle mich matt
und bin schon vor dem Frühstück satt.

Hatte früher keine liebe Frau,
zu der ich sagen konnte – die Gute,
mir ist so ganz anders, so komisch zu Mute!
 Ich bin nur gehastet, nie ruhig gelaufen,
viel arbeiten, um Essen und Wohlstand zu kaufen.
Nicht der leere Magen, der Hunger tat weh-
auf meinem Herzen lag meterdick der Schnee.

Nun ist die Zeit vorbei,
durch meinen geliebten Schatz ist mein Herz frei!
Hab´nicht nur sie, auch Kinder und Enkel-
denen ich meine Liebe kann ganz und gar schenken.
Was ich nun erlebe, weiß mein Herz ganz genau:
mein Schatz ist für mich die einzige und richtige Frau.
Was für ein Glück und welch ein Segen,
dass wir uns können so viel Liebe geben.

Welt

Dir mein Schatz werd ich alles geben,
meine Seele, mein Herz, mein ganzes Leben,
denn Du bist für mich der wahre Segen!
Du bist die Frau, für mich bestellt,
auch meine liebreizende Unterwelt.

Durch Dich habe ich mein Glück gefunden
und das nicht nur für viele Stunden.
Du küsst so gut - für mich ein Genuss -
jeder von Dir geküsste Kuss.

Du kannst auch sehr gefühlvoll sein -
so lieb wie ein warmer Regen im Sonnenschein.

Ich liebe Dich sehr und muss dabei leiden,
weh tun wollen wir uns nicht -
keiner von uns Beiden.

Meine Liebe ist nicht vogelfrei -
sie soll bei mir verweilen.
Ich möcht nicht, dass der Tod mich holt
ich möcht bei meinem Liebling bleiben.

Die Liebe ist ein zartes Band,
leichtgläubig lebt sie und anstandslos.
Die Frage, die sich immer stellt,
was ist die Liebe bloß?

Ein Kuss, ein Streicheln, ein liebes Wort
treibt alle unsere Sorgen fort in jeder Nacht,
wo sie uns ein Lager bereitet.

Wir sind wie zwei schnurrende Katzen –
Du und ich und haben neun Leben.
Neun Leben sind schön,
aber für uns wichtig und ganz gewiss:
dass die Liebe für uns das wichtigste Leben ist.

Wir haben uns Beide als Beute auserkoren
und sind verliebt bis über beide Ohren.

Schweigend gehen wir durch den Garten -
schön gedeiht er hinter´m Haus.
Mein Schatz pflegt ihre Blumenarten -
schön und bunt sieht alles aus.
Dort im kleinen Blumenwieschen
wächst bescheiden ein Radieschen:
außen rot und innen weiß.

Schweigend gehen wir durch den Garten -
Streit gibt es nicht in unserem Haus.
Rot ist unsere Liebesfarbe,
weiß für Frieden in dem Haus.

Wenn wir eng umschlungen gehen,
sehen wir wie Radieschen aus.
Wenn den Sinn dann niemand weiß:
Radieschen sind außen rot und innen weiß.

Weg

Erst irr ich umher ein Leben lang,
bis ich meinen Schatz gefunden hab,
der ich meine Liebe geben kann.
Das Leben bewegt, hatte niemals Ruh´,
bis ich Dich fand, meine Liebe bist Du.

Wir verwachsen, das geht nicht mit Verstand,
nur mit Liebe, die zärtlich uns band.
Du süßer Schatz nimmst mich an die Hand
in ein glückliches Leben, unser Beziehungsland.

Nun bin ich ein reifer Mann durch Dich geworden,
auch sanft im Gemüt.
Im Bett möchte ich, dass unsere Liebe noch blüht.

Und dann sind wir alt – es ist so weit -
wir sitzen auf unserem Bänkchen
verliebt zu zweit,
Wir danken für unser schönes Leben -
und danken dem Herrn für seinen Segen.

Unser Leben...

Mein Schatz Karin, das möchten wir:
ein kleines Haus mit Garten,
von dort die Weser ist zu sehen,
zusammen über Weiden gehen.

Mit schöner Aussicht – ganz mondän -

vom Balkon aus ist der Wald zu sehn.
Alles ganz in Bescheidenheit -
für unsere Liebe brauchen wir Zeit.

Eine kleine Küche für uns zum Essen,
wo man Alltagsnöte kann vergessen.
Tolle Kinder sind schon da,
Familienleben wunderbar.

Wie ist es mit dem irdischen Glück?
Fehlt uns noch ein kleines Stück?
Etwas im Leben fehlt immer - tröste Dich,
denn jedes Glück hat einen kleinen Stich;
nur unseres nicht: ICH LIEBE DICH!

In unserer Liebe gibt's ein Happy End,
wie man es sonst nur aus Filmen kennt.
Nach dem Spaziergang am Abend ganz nett
gehen wir Beide ganz zärtlich zu Bett.
Dann hörst Du im Kamin den Wind -
liegen zart in unseren Armen,
weil wir dort geborgen sind.

Nun sind wir beide nicht jung oder alt -
Gott uns die Liebe lang erhalt.
Unsere Beziehung war die ganze Zeit
nur Liebe und nie Langeweil.
Auch werden wir mal alt und grau,
doch bleiben wir ewig in Liebe Mann und Frau.

Ich wollte nie, dass eine kam
und mir meine Unschuld nahm.
Ich bin ein Mann, hab meinen Stolz,
bin kein Klotz und nicht aus Holz.

Der Frühling kommt, die Luft ist klar,
dass man als Mann nach Frauen sah.
Es schweiften die Blicke, man sah sich um.
Wer dies nicht macht, ist ganz schön dumm!
Es geht nicht, wenn die Lerche singt,
dass man da stur bleibt unbedingt.

Das Herz klopft – der Blutdruck uns dann vorwärts treibt -
dann ist es schöner – doch beweibt.
Du mein Schatz bist die Schönheit nur,
dann gehe ich mit Dir, den Weg in die Natur.

Zu spät…

Es ist nicht auszudenken, ich käme zu spät,
wenn es meiner Karin, meinem Schatz nicht gut geht.

An meinen Flügeln darf niemals reißen die Strömung ab,
sonst gehe ich selbst in ein kühles Grab.

Nicht auszudenken, ich ließe Dich allein,
dann würde meine Zeit - als Dein Engel – zu Ende sein.

Wir Liebenden verständigen uns ohne Worte
durch Tasten und Liebesblicke.
Ich kann auch blind sein und schreib genau
„ich liebe Dich" auf Rücken und Bauch.
Schreib ich mit einer Feder, schreibt sie in Gold,
das Glück der Liebe bleibt unverhohlt.

Liebe so ewig wie der Tod besteht -
dass dieses Glück im Jenseits auch weiter geht.
Leben und Tod gehören zusammen
   — wie unsere Liebe -
wir brauchen nicht zu bangen.

Ach, meine Karin zart – Du bist mein Herz und mein Leben -
niemand außer Dir nach Gott kann mir Liebe und Hilfe geben.
Ich will Dich und Deine Gedanken nie betrüben,
möcht Dir nur immer Liebe geben.

Deine Liebe hat mein Herz ganz umfangen,
ich habe nur nach Dir noch Verlangen.
So wie Du bist mein Schatz,
dann ist Dir eines ganz gewiss,
dass Du die Liebe meines Lebens bist.

Weil ich meinen Liebling habe gefunden,
die so treu und es so ehrlich meint.
Dir geb ich gern all meine Küsse -
die mein Herz und die Sehnsucht vereint.
Wenn Du mir in die Arme fällst,
erhellt sich um uns die ganze Welt.

Mein Schatz Karin ist sehr wohlgeformt.
Deine Glieder sind wie Ketten,
die mich vor der Einsamkeit retten.
Von hundert Frauen, die ich kannte,
war keine Deiner Schönheit gleich -
auch hatten sie kein holdes Angesicht.
Denn ein Herz wie Deines mein Schatz gibt es nur selten -
Die Herzen der anderen Frauen taugen nichts.

Ach mein Schatz – Du liebes Herz!
Wenn Dir auch manches an mir missfällt -
werd ich nie mein Herz verstellen -
weil dieses Herz stets zu Dir hält.

Feuer der Liebe

Du siehst der Liebe Feuer in mir brennen.
Dein Anblick gibt mir Hoffnung ohne Maß.
Ich machte böse Fehler im Leben, warum tat ich das?

Die Beziehungsangst für eine schöne Liebe mit Dir,
mein Schatz, hat sich in mein Herz gebrannt -
dass auch Du mich liebst,
hatte ich aus Angst um Dich vergessen.
Ich will mit Dir eine schöne Beziehung pflegen
und nur glücklich und in Ruhe leben.

Meine Liebste

Du meine Liebste bist gekommen
zu jeder Jahreszeit, ob Sturm, Schnee oder Regen -
kein Weg war Dir zu weit.
Dir mein Schatz schlug ganz beklommen
mein liebend Herz ganz entgegen.
Wie sollte ich erahnen,
dass sich Deine Bahnen einen sollten
mit meinen Wegen!

Du bist zu mir gekommen -
in Sturm, Schnee oder Regen.
Du hast es mir sofort genommen -
mein Herz -
ganz verwegen!
Du nahmst das meine -
ich nahm das Deine -
wir beide kamen uns sehr stark entgegen.

Du bist zu mir gekommen -
in Sturm, Schnee oder Regen.
Nun ist sie da, die Liebe,
was für ein Segen.

Ich liebe Dich und steh in Liebesflammen.
Schon lang geschieden und beziehungsscheu.
Du hast mein Herz neu aufgefangen -
nun bin ich wieder beziehungsfrei.
Es gibt ein altes Sprichwort -
das lügt fürwahr:
„Gebrannte Kinder lockt das Feuer" -
nun ist meine Traumfrau da.

Kein Glück ohne Dich

Ich hatte nie Glück in meinem ganzen Leben -
es verging wie in einem Herbstesrausch.
Wärest Du mein Schatz immer nur bei mir gewesen -
Dich -
und nur Dich hat mein Herz gebraucht.

Ob ich je auf einen Friedhof komme -
das weiß ich nicht genau.
Will nicht liegen unter Buchen und Rosenstrauch.
War im Leben im Herzen arm -
dann soll es auch im Grab so sein.

Ich komme aus der Erde
und werde auch zu ihr.
Du mein Schatz hast mich getragen
an guten und an schweren Tagen.
Bald sollst Du Dich nicht mehr damit plagen.
Der Winter ist da,
auch die negativen Gedanken -
im Herzen bist Du meine Frau.

Ich saß mit meinem Schatz
bei einer schönen Linde -
wir saßen Hand in Hand,
kein Blatt rauschte im Winde,
die Sonne schien sehr rot -
ich sah Dein lieblich Wangenrot.

Wir saßen eng umschlungen -
und sahen uns verschwiegen an -
das Herz schlug kräftig lang.
Wir wollten uns was sagen -
konnten wir uns was fragen?
Wir kannten uns sehr gut!

Wir waren nun zusammen -
uns konnte nun nichts fehlen -
keine Sehnsucht und keine Pein
konnte uns nun quälen.
Meine Liebste war nicht fern,
ich brauchte sie nicht zu grüßen -
sie reichte mir ihren roten Mund zum küssen.
Sie war für mein Leben mehr als genug.

In Gedanken an Dich ganz tief versunken,
am Kelch der Liebe zu Dir mich satt getrunken.
In meinem Herzen die Erinnerung wohnt.
Wir sind die Liebenden auf unserer Lebensreise -
in schöner liebevoller und inniger Weise.

Die Liebe ist in unsere Herzen gesprungen -
und hält uns fest ganz eng umschlungen.
Liebkosen uns voller Zärtlichkeit.
Ich küsse schüchtern Deine feuchten Lippen,
um den Nektar der Liebe von Dir zu nippen.

Es ist ein schöner Sonnentag; mein Schatz und ich
lehnen uns glücklich zum Fenster raus
und schauen in den Garten hinaus.
Ein leichter Wind – die Zeit die rinnt -
die Katzen im Haus und unser Enkelkind.
Unsere Liebe ist schön – wir haben uns gefunden.
Unsere Liebe wird ewig sein -
und nicht nur für Monate und Stunden.

Heut geh ich nicht ins Büro,
will keine Gedichte schreiben -
mein Herz sagt es mir genau -
ich möchte bei Dir bleiben.
Du bist meine Frau,
von Heirat haben wir nicht gesprochen,
meine Liebe gehört nur Dir allein,
Dir will ich mich gerne unterjochen.

Mit sechzig Jahren sollte man sich besonnen haben...
auf was – frage ich mich?
Auf Dich mein Schatz, die mich versteht
und den Rest des Lebens mit mir geht.
Die Kinder, die Enkel und die Katzen -
übermütig wir mit denen Faxen machen.

Ich ging die Straße der Einsamkeit empor,
bis Deine zärtliche Stimme drang an mein Ohr.
Dunkle Wolken sind nun verzogen -
durch Dich, mein Herz, bin ich nun neu geboren.

Die Bäume bewegen sich, die Weser fließt leise,
ich höre eine liebe und zärtliche Weise.
Lass alle reden - auch ohne Sinn -
ich weiss, dass ich bei Dir geborgen bin.

Als mir mein Auge aufging – mein Schatz war da -
die Weser so schön und uns ganz nah.
Eine sanfte Brise streicht Dein liebes Gesicht,
mein Schatz, unsere Liebe hält ewiglich.

Dein zarter Körper – so schön und so klar -
ich fühlte mich dem Himmel ganz nah.
Weiter ging es an der Weser entlang,
ganz verliebt, eng umschlungen – Hand in Hand.

Ein Kuss, ein zarter Kuss, ganz verwegen -
wir beide standen nicht im Regen -
aber ganz fern, für uns allein -
fernab von öffentlichen Wegen.

Ich lag mit Dir zufrieden im Bette,
sagten uns viele Worte, liebe und nette.
Da hörten wir ein leises Flügelschlagen,
es erfüllte uns mit Wohlbehagen.

Zwei Tagen setzten sich auf das Fensterbrett -
auch ein Liebespaar – es war ganz nett.

Ich hab die Liebe, die ich im Herzen spür,
die Angst um Dich mich stets berührt.

Du süßes, zartes, liebes Frauchen vernimm,
dass ich für Dich geboren bin!
Dein süßer zarter Kuss von eben
hat mir sehr viel Kraft gegeben.
Dann fuhrst Du fort – ich ganz allein -
der ganze Himmel stürzte ein.

Im Zimmer streifte ich das Hemd mir ab -
der Schmerz - getrennt von Dir -   sein übriges tat.
Blutrot meine Haut,
geschwollen meine Wangen -
Du nicht bei mir,
ich hab großes Verlangen.
Und jedes Mal, wenn ich in den Spiegel schau,
seh ich das Antlitz meiner Frau.

Oft frage ich Dich mein Schatz, Du Liebe, Süße,
Dein Herz und Deine Seele sind so sanft und so hell Dein Geist,
verdiene ich es, dass ich bei Dir weile -
und ob ich Deiner Liebe würdig bin?'

Du schmückst unsere Zimmer, das es uns erfreut,
Du schaust mich an, ich blicke zurück -
dies ist der Weg zu unserem Liebesglück.

Seitdem ich Dich liebe ist alles so recht und so leicht -
es gibt nichts auf der Welt, was diesem Glücke gleicht.
Von Deiner Liebe, Zeichen und Geschenken:
Mein Schatz, ich werde stets an Dich denken.

Ich glaub an Dich – mein Herz ist rein -
so soll es in unserem Leben immer sein.
Wir vertrauen dem Himmel, was dieser uns bringe,
Gott möge uns beschützen, das vieles uns gelinge.

So lange ich Dich in meiner Nähe weiss,
wird unsere Liebe nie werden zu Eis.
Noch bist Du fern, doch dies nur geraum,
dann ist es vorbei, dieser böse Traum.

Wir sind an der Saale, am Ufer des Flusses,
die Dämmerung naht -
Du umarmst mich zum Kusse.
Der Blick in die Augen zeigt ganz gewiss,
dass unsere Liebe für ewig ist.

Du bist so lieb und zart, auf Dich ist Verlass
auf Dauer Deines Lebens und Liebens.
Wo ich Dir Liebe gab -
gabst Du mir diese vielfach wieder
und ich konnte sie ohne Schaden nehmen.

Du bist so lieb, so gut,
Deine Güte danke ich Dir ein Leben lang.
Vergessen hat ich, dass ich an den Glauben
der Liebe mal erkrankte.

Durch Deine Liebe keine Gedanken mehr.
Auch sind durch Dich keine Beschwerden mehr,
weil ich weiß, dass ich nicht betrogen werd.

Wie soll ich das, was mein Herz für Dich fühlt, benennen?
Tief im Herzen und in der Seele sind die Worte,
die mir fehlen, die mich quälen!
Ich kann Dir nur ganz lieb davon erzählen,
dass mir für die Liebe zu Dir
die richtigen Worte fehlen.

Die Farbe des Himmels wird strahlend blau -
wenn ich erzähle von meiner geliebten Frau.
Der Himmel, die Erde und die Natur
schmeicheln Deiner Schönheit nur.

All meine Liebe, die ich vor Dir hab
und Dir nicht geben konnte,
wollte ich nehmen mit ins Grab.
Alles was ich noch in mir hab – ein Wunsch:
ein Leichentuch, ein Sarg, ein Grab.
Schneewittchensarg, ganz weiß und hold,
im Leichentuch fest eingerollt.
Der Grabstein schlicht, ganz ohne Reu:
Mein Herz und meine Seele waren immer treu.

An meine geliebte Frau

Du Schönheit – Du geliebte Frau mein.
Du Liebe meines Lebens – so schön -
wie des Mondes Silberschein.

Gib mir Deine Liebe – meine soll auch Dir gefallen -
ein Liebeslied soll für Dich erschallen.
Füll mit Deiner Liebe jede Blume, Baum und Strauch,
ein Kuss von Dir, für mich ein Gotteshauch.
Lass rufen uns in Wald und Flur,
das Glück der Liebe gehört uns nur.

Oh, Frau meines Lebens, hör zu was ich sag:
Was hat die Liebe mit mir gemacht?
Ich hör Deine Stimme ganz unbedacht,
doch Deine Worte haben mein Herz entfacht!

Ein Kuss von Dir, ein zarter Kuss,
dies war der schönste Liebesgruß.
Der Kuss so lieb von Mund zu Mund,
der uns in den Liebesgrund.

Gestern war noch für mich ein Sterbetag -
doch nun ist es ein Hochzeitstag.
Nie mehr allein im Leben stehen,
wir nun alle Wege gemeinsam gehen.

Du sprachst zu mir: das alte Leben ist vorbei,
jetzt zählen nur noch Du und ich – wir zwei.
Du gibst mir Kraft – ich bin von Zweifeln frei -
die Todesgedanken sind vorbei.

Du Rose

Mein Schatz trägt eine Rose in ihrem Haar.
Ihre Liebe ist so ehrlich, so rein und klar.
Was sie in mein Leben brachte
ist einfach wunderbar.
Sie ist so schön, wie es im Leben noch keine war.

Ich nahm nun auch eine Rose in mein Haar,
um Dir meine Liebe zu zeigen, wie schön sie war.
Ich tanzte mit Dir immerdar.

Am Morgen nach dem Tanzen nahmen wir die Rosen aus dem Haar
  – wir beide wurden ein schönes Liebespaar -.

Die Sonne in Halle hat Dich so süß gemacht.
Der Wind der Saale hat unser Herz entfacht.
Ich möchte Dich lieben heute Nacht,
die Kraft des Himmels hat dies vollbracht.

Und weine nicht, wenn ich zart Dich drücke,
ich liebe Dich, brauche Dich zu meinem Glücke.
Und wenn mein Schatz dann weint vor großem Glück,
dann fahren wir nach Halle zurück.

Brücke über die Saale

Am Mittag, zu einer bestimmten Stunde,
machen wir unsere geliebte Wohlfühlrunde.
Das Licht der Sonne, schon ganz leicht schräg,
führt uns zur Brücke, zu unserem Steg.
Wir nehmen dort an der Brücke Platz,
wo wir immer sitzen mit unserem Schatz.

Wir sehn in die Saale, ruhig und still,
und schauen hoch zum Himmel – zum Dank -
weil unsere Liebe es so will.
Wir nehmen uns in den Arm,
reichen uns zart die Hände,
der Schwur von uns beiden:
unsere Liebe bleibt bis zum Lebensende.

Dein süßer Blick, Deine lieben Augen,
übersehen die schwankende Brücke,
auf der wir stehen,
denn unsere Liebe wird nie von uns gehen.

Schatz, Du rote Rose,
Du bist so stolz;
an Dir wächst die reine Liebe -
wie schön, dass ich Dich liebe.

Die Lerche singt für uns
trotz Schnee und Eis;
unsere Liebe schmeckt am schönsten,
wenn keiner etwas weiß.

Mein Schatz, Du stolze Blume,
wie Flieder schön und weiß,
der blüht auch den den schwersten Tagen,
weil unsere Liebe nie zerreißt.

Nun singen wir von Liebe
und singen auch vom Glück.
Die Zeit, die wir vergeuden,
die kommt nie mehr zurück.

Mein Schatz, Du edle Blume,
das Leben ist so kurz;
was wollen wir noch warten,
sonst sehen wir uns nie
und selbst zerstören wir den
schönen Liebesgarten.
Doch dann -
wir nehmen unsere Hände
und das Glück beginnt:
wir lieben uns bis zum Lebensende.

Wintergarten

Mein Herz und meine Seele sind wie ein Wintergarten,
mein Leben ohne Dich ist nicht mehr bunt und nicht mehr blau.
Was kann ich ohne Dich mein Schatz vom Leben noch erwarten,
den Grabestod – oder Dich als liebende Frau?

Du bist nicht mehr bei mir!
Dann will ich keine Frau und keine Liebe mehr haben.
Was soll dann mein Leben noch auf dieser Welt?
Dann bedeutet mir auch nichts mehr mehr – die Schreiberei
und das damit verdiente Geld.

Warum soll ich noch nach Weiterem streben -
wenn ich dies alles nicht kann an einen geliebten Menschen
weitergeben.

Ich brauch keinen Reichtum und auch nicht das ganze Geld -
das weiß ich genau -
viel wichtiger ist mir die Liebe von Dir,
einer zärtlichen Frau.

Karin – mein Schatz,
Du bist ein Segen in meinem Leben.
Auch wenn Du mich nicht liebst -
mein Herz kann Dich niemals aufgeben.